LISTE CHRONOLOGIQUE

DES OUVRAGES ET OPUSCULES

PUBLIÉS PAR

LE Dr. G. SCHLEGEL,

Professeur de Langue et de Littérature Chinoises à l'Université de Leide.

1862—1901.

EN VENTE

CHEZ

LA MAISON ci-devant E. J. BRILL,

LIBRAIRES-ÉDITEURS

à

LEIDE.

- 1902.

LISTE CHRONOLOGIQUE

DES OUVRAGES ET OPUSCULES

PUBLIÉS PAR

LE DR. G. SCHLEGEL,

Professeur de Langue et de Littérature Chinoises à l'Université de Leide.

1862—1901.

————————

EN VENTE

CHEZ

LA MAISON ci-devant E. J. BRILL,

LIBRAIRES-ÉDITEURS

à

LEIDE.

1902.

IMPRIMERIE ci-devant E. J. BRILL, LEIDE.

LISTE CHRONOLOGIQUE
DES OUVRAGES ET OPUSCULES

PUBLIÉS PAR

LE DR. G. SCHLEGEL,

Professeur de langue et de littérature Chinoises à l'Université de Leide.

1. **Chineesch Regt.** Iets over Chineesche Testamenten, donatiën en erfopvolging. (Batavia, Sept. 1862, tijds. „Het Regt in Nederlandsch-Indië", N⁰. 11 en 12.

2. **Wettelijke bepalingen** omtrent de huwelijken in China en beschrijving der daartoe gebruikelijke plegtigheden. (ut supra, Nov. 1862, Batavia).

3. **De Chineesche Eed.** (ut supra, Mai 1863, Batavia).

4. **De Chineesche Eed.** (Indisch Weekblad van het Regt, 7 October 1867; Bataviaasch Handelsblad 17 et 23 Oct. 1867; 4 Nov. 1867; Polémique avec M. M. von Faber).

5. **Piscicultuur der Chinezen,** vertaald uit het wonderbare boek om rijk te worden, Deel II, Sect. 3, Hoofdst. 2. (Tijdschrift van Landbouw en Nijverheid, Batavia 1863). *C.* 1809.

6. **Chineesche mouches.** (Tijds. voor Ind. Taal-, Land- en Volkenkunde, Deel XIV, p. 569. Batavia 1864). *C.* 1891.

---

1) La lettre *C* indique la *Bibliotheca Sinica* de M. Henri Cordier.

7. **Hoa-tsien-Ki.** Geschiedenis van het gebloemde Brief-papier, Chineesche Roman. (Verh. van het Bataviaasch Gen. voor Kunsten en Wetenschappen, Deel XXXIII. Batavia 1866, 4°. 102 p. *C.* 808). Traduit en Danois par Viggo Schmidt, Copenhague, chez Otto B. Wroblewsky 1871.

8. **Thian-ti-hwuy.** The Hung-league or Heaven-Earth-league, a secret society with the Chinese in China and India. (ut supra, 4°. 253 p.) *C.* 863.

Notices: Notes and Queries on China and Japan, Vol. II, 79—80; Nieuw Bataviaasch Handelsblad 2 Juin 1866; Mail-Editie du même Journal, du 14 Juin, 1866: Singapore Free-Press, 28 June 1866.

9. **Iets over de Prostitutie in China.** (ut supra). Traduit en Allemand par M. von Scherzer dans le „Ausland" 1867, Nos 2—3, 34—39, 57—61 et en Français. Rouan, T. Lemonnyer, 1880, in 18). *C.* 857.

10. **Staaltjes van Chineesch-Regterlijke Scherpzinnigheid medegedeeld uit den Wijsheidsbuidel.** („Indisch Weekblad van het Regt" 9 et 23 Juil, 3 Sept., 1 et 29 Oct., 24 Dec. 1866; 15 Jan. 1867.

11. **Antwoord aan Veritas.** (Javabode 8 Aug. 1866. Traite des Sociétés secrètes en Chine).

12. **Chineesche Speelclub.** (Notulen Bat. Gen. v. K. en W. 1866. Vol. IV, p. 238).

13. **Chineesche Letterkunde in England.** (Bat. Han-delsblad 10 et 24 Dec. 1866).

14. **Chineesche Faillissementen.** (Javabode 17 Juillet 1867).

15. **The Manji, Tartars or Tatars.** (Notes and Queries or China and Japan, 1867, p. 91) Hongkong.

16. **Tobacco in China.** (ut supra, p. 93 et 141). *C.* 198.

17. **Punch and Judy shows in Peking.** (ut supra, p. 139).

18. **Easter-eggs in China.** (Notes and Queries on China and Japan, Vol. II, p. 21, Hongkong 1868).
Paasch-eieren in China. (Bat. Handelsblad 28 Janvier 1868).

19. **Monkeys in Horse-stables.** (Notes and Queries on China and Japan. Vol. II, p. 49. Hongkong 1868).

20. **Origin of Harelip.** (ut supra, p. 53). 1868.

21. **Preference for Foxflesh and Prejudice against Hareflesh amongst antediluvian Nations.** (ut supra, p. 68). 1868.

22. **The term T'ang-Shan** (唐 山). (ut supra, p. 78).

23. **Detection of Leprosy by means of light.** (ut supra, p. 122). 1868.

24. **Henna in China.** (ut supra, Vol. III, p. 30, Hongkong 1869).

25. **Jade-Stone.** (ut supra, p. 63, Vol. IV, p. 33). 1869.

26. **Chinese and Egyptian Hieroglyphs.** (ut supra, Vol. III, p. 65, 81, Vol. IV, p. 23, 78). 1869.

27. **Chinesische Bräuche und Spiele in Europa.** Inaugural Dissertation der Philosophischen Facultät der Universität in Jena. (Breslau, Robert, Nischkowsky 1869, 32 pages). Traduction hollandaise dans le Bat. Handelsblad du 20, 23 et 27 Octobre 1869, par Mr. C. P. K. Winckel. *C.* 1884.

28. **Chinese Weddingrings.** (Notes and Queries on China and Japan. Vol. IV, p. 12. Hongkong 1870). *C.* 853.

29. **Veneration paid to stone arms in Egypt and China.** (ut supra, p. 75). 1870.

30. **Etymologies from Chinese Rootwords.** (ut supra, p. 89 and 118). 1870.

31. **Fu-sang.** (ut supra, p. 19, N°. 30). 1870.

32. **Wat beteekent het cijfer 666?** (Nieuw Bataviaasch Handelsblad 19 Sept. 1870). Signé *Apocalypticus.*

33. **Chinesche Mitrailleuses.** (Javabode 20 Dec. 1870).

34. **Over de onverschilligheid** der Nederl. Regeering voor geschenken aan Musea gedaan. (Bat. Handelsblad 21 Dec. 1870).

4

35. **Iets omtrent de betrekkingen der Chinezen met Java, voor de komst der Europeanen aldaar.** (Tijds. voor Ind. Taal-, Land- en Volkenkunde, Vol. XX, p. 7. Batavia 1871). *C.* 1295.

36. **Sinico-Aryaca,** ou Recherches sur les racines primitives dans les langues chinoises et aryennes, 1872. (Verh. Bat. Gen. v. K. en W. Vol. XXXVI).

We find Dr. Schlegel displaying a high degree of acuteness, combined with original research, in the comparison of significations as well as of sounds in Chinese and Aryan roots ..... there can be no doubt that Dr. Schlegel's scholarly and suggestive work will stimulate research in this important field of study.

(Saturday Review, August 1872).

En passant au livre de M. le docteur Gustave Schlegel, il nous faut avant tout le remercier d'avoir appliqué les lois sévères de changement et de transformation de consonnes telles que l'ont fait les maîtres de la science philologique et linguistique, MM. Bopp, Grimm, Schleicher. Il y montre un vaste savoir, un esprit ferme et un tacte sûr, conditions essentielles pour réussir dans ces recherches. (Ban-Zai-Sau, 1875, p. 112).

Notices: Trübner, American and Oriental Record, 1872, p. 206; China Review, I, 136; Revue des Deux Mondes, 1 Oct. 1872, couverture. Cordier, Bib. Sinica, p. 727; Bijdragen Taal-, Land- en Volkenk. van N. I. 3ᵉ Reeks, VII, p. 385; Saturday Review, 24 Aug. 1872; Litterarisches Centralblatt für Deutschland, 1872, N°. 47; North-China Herald, Shanghai, 23 Jan. 1873.

37. **Uranographie Chinoise,** ou Preuves directes que l'Astronomie est originaire de la Chine et qu'elle a été empruntée par les anciens peuples occidentaux à la sphère chinoise, publié par l'Institut royal pour la Philologie, la Géographie et l'Ethnologie des Indes-Orientales-Néerlandalses, à la Haye, (Martinus Nijhoff). 1875.

Ouvrage couronné en 1875 au Congrès international des sciences géographiques tenu à Paris.

Wenn wir an unserem stets festgehaltenen Principe, dass das Natürliche auch das Ursprüngliche ist in jeder culturhistorischen Entwicklung, wenn wir an diesem Principe auch hier festhalten, so müssen wir sagen, der Verfasser hat seinen Hauptsatz, dass die griechische Sternbilderlehre weder von den Griechen selbst erfunden ist, noch von Aegypten oder Chaldäa stammt, sondern dass sie aus China herkommt, in wirklich überzeugender Weise bewiesen, und die Phantasien von Letronne, Ideler und Buttmann können hinfort als grossentheils antiquirt gelten.

(Jahresbericht über die Fortschrite der classischen Alterthumswissenschaft, S. Calvary & C°., Berlin 1877, p. 312).

Notice: Chin. Recorder, VI, p. 442—447; Cordier, p. 683; La Rivista Europea, 1 Juin 1875; Tijds. v. N. I., Févr. 1876.

38. **Houei Wen Chi 廻文詩** of Paardensprongdoolhof,
op een stuk zijde gestikt door Sou-jŏ-lan, enz. (Kon.
Instituut voor de Taal-, Land- en Volkenkunde van N. I.
11e Deel, 1e Stuk, 1876). *C.* 1873.

39. **Over het belang der Chineesche Taalstudie.**
Oratio inauguralis. (Leiden, E. J. Brill, 1877).
Notice: Kol. kritiek, Economist, Mars 1878, p. 397). *C.* 1853.

40. **Le vendeur-d'huile qui seul possède la reine-de-beauté,** ou Splendeurs et misères des courtisanes
chinoises, roman chinois, traduit pour la première fois
sur le texte original, 1877. (Leide, E. J. Brill). *C.* 818.
Notices: Jan ten Brink, Zondagsblad van het Nieuws van den Dag,
29 Sept. 1878; De Locomotief (Samarang), 9 Oct. 1878; Minerva
(Leide), 22 Mai 1878; J. ten Brink. Litter. Schetsen en Kritieken,
XII, Leide 1884, p. 1—6.

41. **Nécrologie** du Professeur J. J. Hoffmann. (The Athenaeum, 9 Febr. 1878).

42. **Réponse aux critiques de l'Uranographie Chinoise.** (Bijdr. Taal-, Land- en Volkenkunde van N. I.
Deel IV, Afl. 2, 1880). *C.* 683, 1790.

43. **Nederlandsch-Chineesch Woordenboek** met de
transcriptie der Chineesche Karakters in het Tsiang-Tsiu
Dialect. Hoofdzakelijk ten behoeve der tolken voor de
Chineesche taal in Nederlandsch Indië bewerkt. 4 Vol.
et Supplément. Grand 8vo. Leide, 1882—91.
Notices: The London and China Express, 19 Jan. 1883, p. 65;
23 Mai 1884, p. 551; Nieuwe Rotterdamsche Courant, 13 Mai 1883;
Journal Roy. As. Soc. 1887, p. 542. *C.* 1823.

44. **Recensie** van Serrurier's uitgave v. h. Jap.-Nederl.
Woordenboek van Prof. Hoffmann. (Ned. Spectator, 10
Dec. 1881).

45. **Revue** de J. J. M. de Groot „Jaarlijksche feesten en
gebruiken van de Emoy-Chineezen". (Indische Gids, Avril
1882).

46. **Revue** de Jules Silvestre, Notes etc. des monnaies et médailles de l'Annam et de la Cochinchine Française. (Revue Belge de Numismatique. année 1883). Leide, 12 Juin. 1883.

47. **Catalogue des livres chinois qui se trouvent dans la bibliothèque de l'Université de Leyde.** (Leyde, E. J. Brill, 1883). *C.* 1881.

48. **Un Labyrinthe Chinois.** (Bijdr. tot de Taal-, Land- en Volkenkunde van N. I. Den Haag, Martinus Nijhoff, 1883). *C.* 1874. **Plainte du Vieillard. Ibid.**

49. **Note** concerning the urgency of a complete Chinese and English and English and Chinese Dictionary. Leiden 1883.

50. **Sur l'Importance de la Langue Hollandaise pour l'interprétation de la langue Chinoise.** (Vol. II des Travaux de la 6e Session du Congrès international des Orientalistes à Leide. E. J. Brill, 1884).

51. **Eene Chineesche Begrafenis- en Huwelijks- onderneming.** (Bijdr. tot de Taal-, Land- en Volkenkunde van N. I. Volume VIII, 4e Série. La Haye, Martinus Nijhoff, 1884).

—— Tweede, verbeterde druk. Leiden, E. J. Brill, 1885. *C.* 1893.

52. **Alt-Indische Fabeln im Germanischem und Chinesischem Gewande.** (Bijdr. tot de Taal-, Land- en Volkenkunde van N. I. Vol. VIII, 4e Série, La Haye, Martinus Nijhoff, 1884).

53. **Nalezing** op mijn stukje „Iets over de betrekkingen der Chineezen met Java vóór de komst der Europeanen aldaar". (Notulen v. h. Bat. Gen. v. K. en W. te Batavia, 1885).

54. **Chinesische Zauberspiegel.** (Nassauische Volkszeitung, 24 Jan. 1885).

55. **Les Kongsi Chinoises à Bornéo.** Revue de l'ouvrage de M. J. J. M. de Groot, „Het Kongsiwezen van Borneo". (Revue Coloniale Internationale d'Amsterdam, Nov. 1885).

56. **Het Latijnsch Alphabet in Japan.** (Ned. Spectator, N⁰. 12, 1886).

57. **Supplément au Catalogue des Livres Chinois** qui se trouvent dans la bibliothèque de l'Université de Leide. (E. J. Brill, 1886. *C.* 1881).

58. **A Singapore Streetscene.** (Intern. Archiv für Ethnographie, Bd. I, Leiden, P. W. M. Trap, 1888).

59. **Revue** de l'ouvrage de M. Ch. de Harlez „La religion nationale des Tatares orientaux, Mandschous et Mongols". (ut supra). 1888.

60. **Die Schukingfinsterniss,** (mit Dr. F. Kühnert aus Wien). (Koninklijke Acad. van Wetenschappen te Amsterdam 1890). *C.* 1791.

61. **Revue** de Prof. Emil Selenka. Ein Streifzug durch Indien. (Vaderland, 23 Juillet 1890).

62. **Siamesische und Chinesisch-Siamesische Münzen.** (Intern. Archiv für Ethnographie, Bd. II, 1889. Leiden, P. W. M. Trap).
    Notice: „Die Natur", N°. 20, 17 Mai 1890, p. 237.

63. **The Shui-yang or Watersheep** in Chinese accounts from Western Asia and the Agnus Scythicus or Vegetable Lamb of the European mediaeval travellers. (Actes du 8e Congrès International des Orientalistes tenu en 1889 à Stockholm et Christiania. Leide E. J. Brill, 1889. *C.* 1900.

64. **Philippica des Chinesen Tan-Iok-po gegen den Kapitän der Chinesen Li-ki-thai.** (Tʿoung-pao, Vol. I, p. 28. Leide, E. J. Brill, 1890). *C.* 1876.

65. **Critique** des Contes Chinois par le Général Tcheng Ki-tong. (ut supra, p. 76—79). 1890. *C.* 1867.

66. **On Chinese singboards and house-sentences.** (ut supra, p. 118). 1890. *C.* 1876.

67. English translation of A. G. Vorderman **The Chinese treatment of Diphtheritis.** (ut supra, pp. 173, 297 et 349). 1890. *C.* 1796.

68. **Color-blindness in China.** (ut supra, p. 335). 1890.

69. **Chinese Loanwords in the Malay language.** (ut supra, p. 391). 1890. *C.* 1819.

70. **Revue** de Franz Kühnert, „Zur Kenntniss der älteren Lautwerthe des Chinesischen". (ut supra, p. 420). *C.* 1851.

71. **Revue** de F. S. A. De Clercq, Bijdragen tot de kennis der residentie Ternate. (ut supra, p. 430). 1890.

72. **Note sur les Inscriptions Chinoises de Kara Balgasoun.** (T'oung-pao, Vol. II, p. 125). 1891.

73. **Revue** de „Prehistoric China" by Ernst Faber. (ut supra, p. 105). 1891.

74. **T'ien-hia lu-ching, a Chinese Murray for 1694.** (ut supra, p. 140). 1891. Reprint: Chin. Recorder and Miss. Journal, Nov. 1892, p. 519. *C.* 1890.

75. **Chinese- Malay- and Javanese literature in Java.** (ut supra, p. 148). 1891.

76. **Secret Languages in Europa and China.** (ut supra, p. 161). 1891. Réimprimé dans le Journal Allemand „Am Urquell", Vol. II, fasc. XI, p. 188. *C.* 1853.

77. **The Ming-graves.** (ut supra, p. 162). 1891.

78. **Revue** de „Kakemono par Yoritomo". (ut supra, p. 173).

79. **Un calendrier Idonésien-Chinois.** (ut supra, p. 175).

80. **Anthropophagie auf dem asiatischen Festlande.** (Intern. Archiv für Ethnographie, Bd. III, S. 123. Leiden, P. W. M. Trap, 1890).

81. **Iets over Chineesche Doodkisten.** (ut supra, Bd. IV, S. 153. 1891).

9

82. **China or Elam.** (Tʻoung-pao, Vol. II, p. 244—246. Leide, E. J. Brill, 1891).

83. **Revue critique** du „Voyage d'Odoric de Pordenone" par H. Cordier, du „Japanisches Lesebuch" von H. Plaut, „die Sprachwissenschaft" von G. von der Gabelentz, et de „Sammlungen aus Korea im Ethnographischen Museum zu Leiden" von J. D. E. Schmeltz. (ut supra, p. 260). 1891.

84. **Notice** de „Die Sammlungen aus Korea" par M. J. D. E. Schmeltz. (Het Vaderland, 2 Juillet 1891).

85. **On the causes of Antiphrasis in Language** read before the 9th Intern. Congress of Orientalists held in London, 1 to 10 Sept. 1891. (Tʻoung-pao II, p. 275, 1891; 2de Edition 1892. Leiden, E. J. Brill). C. 1853.

86. **A Chinese opinion upon the question of human warfare.** (ut supra, p. 151). 1891. C. 1811.

87. **Tremblement de terre au Japon. Notice** sur le Dr. J. J. M. de Groot. (ut supra, p. 441). 1891.

88. **Nécrologie** de G. A. Wilken. (ut supra, p. 350).

89. **Christmastrees in China.** (ut supra, p. 401). C. 1890.

90. **Illustrations** and Descriptions of the Northern Aïnos. (ut supra, p. 403). 1891.

91. **Revue** de l'ouvrage de Alois Raimond Hein, „Mäander, etc. in Amerika". (ut supra, p. 465). 1891.

92. **Arab and Chinese way of milking restive cows.** (ut supra, p. 112). 1891.

93. **The Shwo Tʻang Jin-kweï chwan; Sunday-rest in China.** (ut supra, p. 274). 1891.

94. **La Langouste géante dans les récits Chinois et Arabes.** (ut supra, Vol. III, p. 64, 1892). C. 1897.

95. **Les Bronzes préhistoriques du Cambodge** et les recherches de M. Ludovic James. (Intern. Archiv für Ethnogr. 1891, Bd. IV, p. 165).

96. **The word "Good Faith" in Commissioner Lin's proclamation.** (T͏ͨoung-pao, Vol. III, p. 66, Leiden, E. J. Brill, 1892). *C.* 1853.

97. **Problèmes géographiques.** I. Le Pays de Fou-sang. (ut supra, p. 101). 1892.

> *Notice:* F. M. Pasani: Globus LVII, N͏ͦ. 5 par Johannes Hoops; Bulletin American Geog. Soc. 30 June 1892 par C. Hurlbut; "Science" Weekly Newspaper, New-York 9 Sept. 1892, p. 148; Proceedings Royal Geogr. Soc. of London, August 1892; (See Note 7 T͏ͨoung-Pao, Nov. 1892); Soc. de Géogr. de Paris, Comptes-rendus II, p. 288; Dr. B. Frescura dans Bulletino nella Sezione Fiorentina della Società Africana d'Italia. Seconde Série, Vol. I, 1893; Revue critique N͏ͦ. 29—30, 17—24 juillet 1893 par H. Cordier; Traduction russe dans le bulletin de la branche de la Soc. Imp. de Géogr. de la Sibérie orientale, Vol. XXIV 2, pp. 38—48.

98. **Coining of new Chinese terms.** (ut supra, p. 183). 1892. *C.* 1853.

99. **Critiques:** C. Arendt, Handbuch der Nord-Chinesischen Umgangssprache; Lamairesse, L'Inde avant le Bouddha, la vie de Bouddha; J. J. M. de Groot, The religious system of China. (ut supra p, 196, 199, 201). 1892.

100. **Momification des morts à Darnley island et à Krafto; Anneaux nasaux dans les Kouriles; A misunderstood compliment.** (ut supra, p. 208—210). 1892.

101. **Leichenbestattung** auf Darnley-Island. (Intern. Arch. für Ethn. Bd. V, p. 172, 1892.

102. **Anneaux nasaux; Le Ou-loung Kiang (烏龍 江); Luzon.** (T͏ͨoung-pao, Vol. III, p. 319). 1892.

103. **Alphabetical List** of the Mikados and Shoguns of Japan, as also an Alphabetical List of the Year-titles or Nen-go adopted during their reign. (ut supra, p. 381).

104. **Hennins** or Conical lady's hats in Asia, China and Europe. (ut supra, p. 422). Reprint Chin. Record and Miss. Journ. 1892. *C.* 1891.

105. **Congrès** International des Orientalistes. (ut supra, p. 430). 1892.

106. **Revues** de Edward S. Morse: On the older forms of Terra-cotta roofing. Dr. F. J. Wershoven: Lehr und Lesebuch der Siamesischen Sprache und Deutsch-Siamesisches Wörterbuch zum Selbststudium. (ut supra, p. 440). 1892.

107. **An inconsiderate critic.** Reply to H. T. Allen's review of Fousang in the Journal of the Roy. Geo. Soc. of London. (ut supra, p. 447). 1892.

108. **La Stèle funéraire** du Téghin Giogh et ses copistes et traducteurs chinois, russes et allemands. (Journal de la Société Finno-Ougrienne de Helsingfors, 1892).
Notice: J. Legge. Academy, 28 Janv. 1893.

109. **De Betrekkingen tusschen Nederland en China volgens Chineesche bronnen.** (Tijdschr. v. h. Kon. Inst. v. d. Taal-, Land- en Volkenkunde v. Ned. Indië, 5e Série, Vol. VIII, p. 1—32. 1893).
Notice: Deutsche Wochenzeitung in den Niederlanden, 11 Févr. 1893, p. 5.

110. **Revue** du 3ième volume du "Japansch-Nederlandsch Woordenboek" de feu le Dr. J. J. Hoffmann, publié par L. Serrurier. (ut supra, p. 33). 1893.

111. **Problèmes Géographiques II et III.** Le pays des Tatoués et le Pays des Femmes. (T'oung-pao, Vol. III, p. 490). 1892.
Notices: Science, 24 March 1893, p. 159. Globus, V, 63, N°. 22, 1893, p. 358. Scott. geogr. Magazine, IX 3, p. 161.

112. **The International Congress of Orientalists.** (ut supra, p. 511). 1892.

113. **Revue** du Japanese-English Dictionary of the late Dr. J. J. Hoffmann. — Geschichte des Buddhismus in der Mongolei von Dr. G. Huth. — L'Inde après le Bouddha par E. Lamairisse. — Inscriptions de l'Orkhon recueillies par l'expédition finnoise en 1890. (ut supra, pag. 521 seq.). 1892.

114. **Correspondance** avec le Prof. Arendt à Berlin. (ut supra, p. 564 seq.). 1892.

115. **Repliek** op Mr. L. Serrurier's beantwoording van mijne kritiek van het Jap.-Ned. en Jap.-Eng. Woordenboek. Deel III. (Leiden, E. J. Brill, 22 Januari 1893. *Pas dans le commerce*).

116. **Revue** de A. Vissière, Recherches sur l'origine de l'Abaque Chinois et sur sa dérivation des anciennes fiches à calcul. — 安南紀遊 Ngan-nan ki yeou, Relation d'un voyage au Tonkin, par le lettré chinois Pᶜan Ting-kouei. — Wells Williams, Chinese and Mediaeval Gilds. — Karl Florenz, Nihongi oder Japanische Annalen. — Terrien de Lacouperie, Catalogue of Chinese Coins. — d'Hervey-Saint-Denys, Six Nouvelles nouvelles. — D. Mac Ritchie, The Aïnos. — E. Lamairesse, Le Prem Sagar. S. H. Schaank. De Kongsi's van Montrado. — H. Havret, Variétés sinologiques N⁰. 1, L'ile de Tsong-ming à l'embouchure du Yang-tse-kiang. — E. S. Morse, Latrines of the East. — John O'Neill, The Night of the Gods. — H. Cordier, Bibliotheca Sinica — Bibliographie des ouvrages relatifs à l'Ile Formose. (Tᶜoung-pao, Vol. IV, pp. 96, 99, 101, 102, 233, 235, 238, 312, 314, 316, 444, 452). 1893.

117. **Desultory** Notes on Japanese Lexicography. (ut supra, p. 174—218). 1893.

118. **Les Chinois à Boston.** (ut supra, p. 241). 1893.

119. **Problèmes Géographiques.** IV. Siao-jin kouo; V. Ta-han kouo; VI. Ta-jin kouo; VII. Kiun-tsze kouo; VIII. Pèh-min kouo. (ut supra, p. 323—362. 1893.

120. **Foosang.** (ut supra, p. 390). 1893.

121. **Beren.** Studenten-Weekblad Minerva. 12 Oct. 1893.

122. **Problèmes Géographiques.** IX. Tsᶜing-kieou kouo; X. Heh-tchi kouo; XI. Hiouen-kou kouo; XII. Lo-min kouo ou Kiao-min kouo. (Tᶜoung-pao IV, p. 402. Leiden, E. J. Brill, 1893).

123. **A Chinese Receipt** against Articular Rhumatism. (ut supra, p. 415). 1893.

124. **The characters** on the leaves and bark of the sacred trees at the Lama Temple at Kounboum. (ut supra, p. 457. 1893.

125. **Itinerary** to the Western Countries of Wang-Nieh in A. D. 964. Mémoires du Comité Sinico-Japonais. 3e Série, N⁰. 2. Paris, Jean Maisonneuve, 1893.

126. **Allerlei Spielzeug.** (Chin. Klingelkugeln). Intern. Archiv f. Ethnographie, Band VI, S. 197—198. 1893.

127. **A Canton Flower-Boat.** (ut supra, Band VII, S. 1—9). 1894.
   Notice: L'Anthropologie V, (1894), p. 256; Nederl. Spectator, 17 Maart 1894; The National Observer, 24 March 1894, p. 486 (John O'Neill).

128. **Nécrologie:** H. G. von der Gabelentz. (Tᶜoung-Pao, Vol. V, p. 75, Leide, E. J. Brill, 1894). Réimprimé dans le Ost-Asiatische Lloyd.

129. **Bulletin Critique:** Henri d'Orleans, Autonr du Tonkin. — Transactions and proceedings of the Japan Society. — Wegener und Himly, Nord-Tibet und Lobnoor. — A. Grünwedel, Buddh. Kunst in Indiën (ut supra, pp. 80, 85, 89, 92, etc.). 1894.

130. **Climat** de l'île Sacchalin, (ut supra, p. 99). 1894.

131. **The Chinese Bean-Curd** and Soy, and the Soya-Bread of Mr. Lecerf. (ut supra, p. 135). 1894.

132. **Scientific Confectionary.** (ut supra, p. 147). 1894.

133. **Notice** sur Bastian, Stewart Culin, Report of Chinkiang, Cordier, Problèmes géographiques, Moser, l'Oriente, Blanche et Bleue. (ut supra, p. 152, 154, 156, 159, 161). 1894.

134. **Bulletin Critique.** Carl Arendt, Einführung in die Nordchinesische Umgangssprache. — Ancien Japon par G. Appert. — Déchiffrement des Inscriptions de l'Orkhon et de l'Iénissei par Vilh. Thomson. (ut supra, p. 164). 1894.

135. **Problèmes Géographiques.** N⁰. XIII. Nili kouo; XIV. Pei-ming kouo; XV. Youh-I kouo; XVI. Han-ming kouo; XVII. Wou-ming kouo. (ut supra, p. 179). 1894.

136. **Bulletin Critique.** Carl Munzinger. Die Psychologie der japanischen Sprache. — Ludovico Nocentini, La scoperta dell' America, attributa ai Cinesi. (ut supra, p. 289). 1894.

137. **Een paar Aanteekeningen** op A. F. von de Wall's Kritiek van „Pleyte: Some remarks to: Die gegenwärtige Verbreitung des Blaserohr's und Bogens im Malayischen Archipel, et H. C. Klinkert's Zakwoordenboek". Tijdschr. v. de Ambt. v. h. Binnenl. Bestuur, 8e Deel, Afl. VI, 1893. Separat-Abdruck aus: „Intern. Arch. für Ethnogr. Bd. VII, Leiden, P. W. M. Trap, 1894.

138. **Revue** de Kollewijn, Geillustreerde algemeene wereldgeschiedenis, et de Laurica, Open Brief van Multatuli aan pastoor Jonckbloet. (Het Leeskabinet, Juillet 1894. Leide, L. van Nifterik Hz.).

139. **Bulletin Critique.** H. Nissen, Der Verkehr zwischen China und dem Römischen Reiche. (T'oung-Pao, Vol. V, p. 365, Leide, E. J. Brill, 1894).

140. **Bulletin Critique.** Năng, Siamesische Schattenspielfiguren im Kgl. Museum für Völkerkunde zu Berlin, beschrieben von Dr. F. W. K. Müller. Mit 12 Tafeln. Sep.-Abdruck von Suppl. zu Band VII des Int. Archivs für Ethnogr. — Nihongi oder Japanische Annalen übersetzt und erklärt von Dr. Karl Florenz. Dritter Teil, Buch 25—26. (ut supra, pp. 365, 413, 414). 1894.

141. **Het geschil tusschen China en Japan in Korea.** Voordracht gehouden in de zitting der Kon. Akad. d. Wetenschappen te Amsterdam, 12 Nov. 1894. Verslagen en Mededeelingen, Afd. Letterk., 3e Reeks. Deel XI.

Notices: Nieuwe Rotterdamsche Courant, 15 Nov. 1894; Nederl. Spectator, 17 Nov. 1894: Vaderland, 13 Nov. 1894; Amsterdamsche Courant, 13 Nov. 1894; Nieuws van den Dag, 14 Nov. 1894.

142. **Korea.** Nieuwe Rotterd. Courant, 18 Nov. 1894, repliek van G. Schlegel aan de Redactie.

143. **Problèmes Géographiques.** N⁰. XVII. San sien chan 三 仙 山 . Les trois îles enchantées. (T͏ͨoung-Pao, Vol. VI, p. 1—48, Leide, E. J. Brill, 1895).

144. **Bulletin Critique.** Réponse à l'article de M. L. Nocentini dans "l'Oriente". (ut supra, p. 7). 1895.

145. **Black Fingerprints on Documents in China and Japan.** (ut supra, p. 148). 1895.

146. **Problèmes Géographiques.** N⁰. XIX. Lieou-Kieou kouo 琉 球 國 . (ut supra, p. 165). 1895.

147. **Nécrologie** de W. K. van Dedem et F. de Casembroot. (ut supra, p. 233). 1895.

148. **Allerneueste Hochzeiten.** "Am Urquell", VI. Band, III. Heft, S. 101.

149. **Problèmes Géographiques.** N⁰. XX. Niu-jin kouo 女 人 國 . (T͏ͨoung-pao, Vol. VI, p. 247. Leide, E. J. Brill, 1895).

150. **Bulletin Critique.** Cordier. Bibl. Sinica. G. E. Gerini, Chulakantamangala. (ut supra, p. 305). 1895.

151. **The Chinese imperial family.** (ut supra, p. 333).

152. **Review** of von Wenkstern's Japanese Bibliography. (Intern. Archiv für Ethn. Bd. VIII, S. 177, 1895).

153. **Revue** des Documents de l'époque mongole publiés par le prince Roland Bonaparte. (T͏ͨoung-pao, Vol. VI, p. 414, Leide, E. J. Brill, 1895).

154. **The temple of Pootoo.** (ut supra, p. 447).

155. **On the extended use** of "The Peking system of orthography for the Chinese language". (ut supra, p. 499).

156. **Critique** des "Alttürkische Inschriften der Mongolei" von W. Radloff. (ut supra, p. 516). 1895.

16

157. **La Science** chez les Chinois par le Dr. Ernest Martin.
(ut supra, p. 527). 1895.

158. **The term** 達娑 **Tarsa.** (ut supra, p. 533). 1895.

159. **La loi du Parallélisme en Style Chinois,** démontrée par la Préface du Si-yü-ki (西 域 記). La traduction de cette préface par feu M. Stanislas Julien défendue contre la nouvelle traductian du Père A. Gueluy. Leyde, E. J. Brill, 1896.
   Notices: Imperial Asiatic Quarterly Review, April 1896; Revue critique, Avril 1896; Wiener Zeitschrift für die Kunde des Morgenlandes, I, 1896.

160. **The desert Horses** (Ye ma 野 馬) and the **white Colt** (Pĕh kʻü 白 駒). Tʻoung-pao, Vol. VII, p. 47, Leide, E. J. Brill, 1896).

161. **Interview** avec le chargé d'affaires chinois à Berlin. (ut supra, p. 54).

162. **Bulletin Critique.** R. Dvořak, Confucius und seine Lehre; J. Legge, The Lî sào poem and its author; Stewart Culin, Corean Games etc. (ut supra, p. 86).

163. **Expansion** de la race Chinoise; Longévité des Japonais. (ut supra, p. 110).

164. **Tägín et Töre.** (ut supra, p. 158). 1896.

165. **Bulletin Critique.** Von Rosthorn, Die Ausbreitung der Chinesische Macht, u.s.w. (ut supra, p. 176).
V. Thomsen, Inscriptions de l'Orkhon. (ut supra, p. 182). Grube, die Sprache und Schrift der Jučen; Bretschneider, Botanicon Sinicum; Map of China; Cordier, Description d'un atlas Sino-Coréen manuscrit du British Museum; B. Hall Chamberlain, Essay in aid of a Grammar and Dict. of the Luchuan language; Kühnert, über den Rhythmus im Chinesischen; Van der Chijs, Catalogus der numismatische verzameling van het Bataviasch Gen. van Kunsten en Wetenschappen; Paul Carus, Chinese philosophy; Trusman, Tchoudskia Pismena (Inscript. tchoudes). (ut supra, p. 277). 1896.

166. **Die Chinesische Inschrift** auf dem Uigurischen
·Denkmal in Kara Balgassun. Übersetzt und erläutert.
Helsingfors, Société Finno-Ougrienne. Leiden, Orientalische Druckerei, vormals E. J. Brill, 1896.

> *Notices:* Ch. Harley. — P. W(atters). Journal Royal Asiat. Soc. London, 1897, p. 142: "In this treatise we have a valuable and interesting addition to the literature of the old Chinese and Uigour inscriptions. The work is characterised by *the attention to details and the unwearied research to which the readers of Prof. Schlegel's contributions to Sinology are accustomed* . . . . . Unfortunately there are numerous gaps in the text, some of which have been filled up conjecturally by the learned editor. In this attempt to restore lost characters, Prof. Schlegel has proceeded with much care and study, and he has been very successful. Each clause of the text is translated, and the reading and interpretation are defended and illustrated by notes drawn from various Chinese sources, etc.".

167. **Parallèles en Folklore.** (Extrait des Mélanges offertes au jubilé de Mgr. Ch. de Harlez). (Leide, E. J. Brill, 1896).

168. **Chinesische Bootführerinnen.** (Bastian, Festschrift, Suppl. Heft, Intern. Archiv für Ethnographie). Leiden, E. J. Brill, 1896).

169. **La fête de fouler le Feu.** (ut supra). 1896.

170. **La visite de Li Houng-tchang** à Schéveningue. (T᪦oung-pao, Vol. VII, p. 407, Leide, E. J. Brill, 1896).

171. **Nécrologie** de J. P. Val d'Eremao. (ut supra, p. 428).

172. **Bulletin Critique.** Aston, Nihongi; Giornale della Societa Asiatica Italiana; Huth, Geschichte des Buddhismus in der Mongolei; Etienne Zi, Pratique des Examens militaires en Chine; Winkler, Die Sprache der zweiten Columne der dreisprachigen Inschriften und das Altaische. (ut supra, p. 429).

173. **Voorspellingen en uitkomsten.** Dagblad van Zuid-Holland en 's Gravenhage, 29 Sept. 1896, 8 Oct. 1896 et 13 Oct. 1896.

174. **Les Inscriptions** chinoises à Bouddha Gayà. (I). (T᪦oung-Pao, Vol. VII, p. 562, 1896; (II). Vol. VIII, pp. 77, 181, Leide, E. J. Brill, 1897).

175. **Etymology** of the word Taifun. (ut supra, p. 581).

176. **Bulletin Critique.** O. Donner, sur l'origine de l'Alphabet Turc du Nord de l'Asie; Catalogue d'estampes japonnaises, collection A. W. Sijthoff; Un message de l'empereur Kia-K'ing au roi d'Angleterre George III; Fromberg, Mag een Chinees bij uitersten wil over zijn vermogen onbeperkt beschikken. (ut supra, p. 596). 1896.

177. **Nécrologie** de Geo. Phillips. (ut supra, p. 593). 1896.

178. **Réponse** à M. Grube sur le Jučen. (ut supra, p. 612).

179. **La Femme Chinoise.** (Actes du Congrès des Orientalistes à Genève). Leide, E. J. Brill, 1897.
     Notices: Journal de Genève, 10 Sept. 1894; Le Temps, 13 Sept. 1894; Rheinischer Kurier, N°. 266, 26 Sept. 1894, Morgenausgabe; Science, March 5. 1897, (Amérique).

180. **De ouderdom van het tabakrooken.** (Indische Gids, Maart 1897).

181. **Nécrologie** de W. N. Du Rieu. (T'oung-pao, Vol. VIII, p. 109, Leide, E. J. Brill, 1897).

182. **Bulletin Critique.** Grube, Jučen-Inschrift von Nicolajewski; Huth, Niüči-Inschrift van Yen-t'ai; Florenz, Bunte Blätter; A. Ling Roth, The natives of Sarawak and British North Borneo. (ut supra, p. 114). 1897.

183. **Nestorian monument** at Si-ngan foo. (ut supra, p. 128). 1897.

184. **Bulletin Critique.** Petillon, Allusions littéraires. — Tschepe, Histoire du royaume de Ou. — Aston, Nihongi. — O'Neill, Night of the Gods. — The Hansei Zaschi. (ut supra, p. 223). 1897.

185. **Zwei Mandschu-Chinesische Kaiserliche Diplome.** Übersetzt und herausgegeben von Gustav Schlegel und Erwin Ritter von Zach. (ut supra, pp. 261—308). 1897.

186. **Les Inscriptions** chinoises de Bouddha-Gayà III—V. (ut supra, p. 322, 340). 1897.

187. **Names of the 33 Indian patriarchs.** (ut supra, p. 341). 1897.

188. **Bulletin Critique.** Notes d'Épigraphie Mongole-Chinoise, par M. G. Devéria, avec une notice de M. W. Bang. (Journal asiatique, Sept.-Oct. et Nov.-Déc. 1896). — Einführung in die Japanische Schrift, von Dr. Rudolf Lange. Stuttgart und Berlin, W. Spemann, 1896. (ut supra, p. 344—348). 1897.

189. **The meaning of 方勝.** (ut supra, p. 359. 1897.

190. **Ist Formosa** ursprünglich von Bewohnern der Liukiu-Inseln bevölkert? (Intern. Archiv für Ethnographie, X, p. 56). Leiden, E. J. Brill, 1897.

191. **Bespreking** van de Nederl. uitgaaf van J. B. Haycraft's Darwinisme en maatschappelijke vooruitgang. (Het Lees-kabinet, Aug. 1897, p. 73).

192. **Bulletin Critique.** Het Loeh-foeng-dialect door S. H. Schaank. — 古今姓氏族譜, A Chinese Biographical Dictionary by Herbert A. Glles, L.L. D., late H. B. M. Consul at Ningpo. Fascicule I. London, Bernard Quaritch; Shanghai, Yokohama, Kelly and Walsh, Limited. Printed by E. J. Brill at Leyden, 8⁰. pp. 496. (T'oung-pao, Vol. VIII, p. 437—441). 1897.

193. **Some moot points** in the Giles-Lockhart controversy. (ut supra, p. 412—430). 1897.

194. **La 1ère Inscription** de Bouddha-Gayâ. Réplique à la Réponse de M. E. Chavannes. (ut supra, p. 487—513). 1897.

195. **Bulletin Critique.** W. P. Groeneveldt, de Nederlanders in China. — C. J. Wijnandts Francken, Het Japansche Volk. (ut supra, p. 518). 1897.

196. **Antwort** auf Herrn Conrady's Besprechung meiner „La Loi du Parallélisme en Style Chinois". (ut supra, p. 557). 1897.

197. **Nécrologie** de James Legge. (ut supra, Vol. IX, p. 59). 1898.

198. **Bulletin Critique.** Florenz, Nihongi. — De Groot, Religious system of the Chinese. (ut supra, p. 64). 1898.

199. **The term** 撒 殿 Sah-tian; Sang-chi-slaves 僧 祇 奴. (ut supra, p. 87). 1898.

200. **Revue** de Groeneveldt, "De Nederlanders in China". (Tijdschr. v. Ned. Indië. 1897. 12e Afl.).

201. **Proben von chinesischer Folklore.** (Urquell, Jan. 1898).

202. **Ter behartiging** voor Nederl. Waterbouwkundigen. (Het Vaderland, 31 Mars 1898, N°. 76, 1ère Feuille).

203. **Der Todtenvogel** bei den Chinesen. (Internat. Archiv für Ethnographie, XI, p. 86). 1898.

204. **Revue de** T. Lepsius, Armenië en Europa. (Het Lees-kabinet, 1898).

205. **Revue de** Oskar Nachod, Die Beziehungen der Niederl. Ost-Indischen Kompagnie zu Japan im 17. Jahrhundert. (Tijdschrift v. Nederl. Indië. 4e Livr., p. 267—303). 1898.

206. **Bibliographie.** Revue de nouveaux livres. (T'oung-pao, Vol. IX, p. 162). 1898.

207. **Bulletin Critique.** Nachod, Die Beziehungen der Niederl. O.-I. Kompagnie zu Japan im 17. Jahrhundert. (ut supra, p. 151). 1898.

208. **Geographical Notes.** I. The Nicobar and Andaman Islands. II. Lang-ga-siu and Ceylon. (ut supra, pag. 191). 1898.

209. **Nécrologie.** Imbault-Huart et Ch. Schefer. (ut supra, p. 234). 1898.

210. **Le terme bouddhique** 閣 毗. **Une erreur numis-matique.** (ut supra, p. 269). 1898.

211. **Revue** des Allusions littéraires par le P. Corentin Pétillon. (ut supra, p. 235). 1898.

212. **Géographical Notes.** III. Holing or Kaling. IV. Maliur and Malayu. V. Ting-ki-gi. (ut supra, p. 273). 1898.

213. **Revue** de Adriani, Herinneringen uit en aan de Chineesche Districten Westerafd. Borneo. (Leeskabinet, December, 1898).

214. **Geographical Notes.** VI. Maït. (T͑oung-pao, Vol. IX, p. 365). 1898.

215. **Ma-tsu-po** or Koan-yin with the horse head. (ut supra, p. 402). 1898.

216. **Bulletin Critique.** Vial, Les Lolos, etc. (ut supra, p. 413). 1898.

217. **Geographical Notes.** VII—IX. Tun-sun or Tian-sun, Ténasserim or Tānah Sāri; Pahoang, Pang-k͑ang, Pang-Hang, Pahang or Panggang; Dziu-Hut or Djohor (Johore). (ut supra, Vol. X, pp. 33—52). 1899.

218. **L'Europe chinoisée.** (ut supra, p. 74). 1899.

219. **Bulletin Critique.** The New Far East by A. Diósy. (ut supra, p. 75). 1899.

220. **Bulletin Critique.** History of European Botanical discoveries in China, by Dr. E. Bretschneider, (ut supra, p. 81). 1899.

221. **Bulletin Critique.** Le Mariage chinois au point de vue légal, par le P. Hoang. (ut supra, p. 87). 1899.

222. **Geographical Notes.** X—XI. Toholo or Takōla, Holotan or Kalatan. (ut supra, pp. 155—163). 1899.

223. **Nécrologie.** J. W. Young et G. W. Leitner. (ut supra, p. 223—227). 1899.

224. **Bulletin Critique.** Chess and playing cards by Stewart Culin; A history of Japanese Literature by G. W. Aston; Formosanische Volkslieder von Dr. Karl Florenz. (ut supra, p. 228—239). 1899.

225. **Bibliographie.** 1. Conférence de M. E. Deshayes.

    2. 勸 學 篇 "Exhortations à l'étude" par 張 之 洞,
traduits par le P. Jérome Tobar.

    3. Traduct. franç. des Entretiens familiers de Confucius
par Mgr. C. de Harlez.

    4. 3d edition of Chamberlain's Handbook of Colloquial
Japanese.

    5. Specht, note sur 2 médailles rapportées du Khotan.

    6. Associations en Chine par M. Maurice Courant. Notes
sur l'enseignement de la langue chinoise. (ut supra,
pp. 94, 244, 245). 1899.

226. **Geographical Notes.** XII. Shay-po. (ut supra, pp.
249—306. 1899.
     Notice: Bulletin American Geogr. Society, p. 395, 1899.

227. **Bibliographie.** Conférences de M. Deshayes; Paul
Brunn, Loi japonaise sur les patentes; Bretschneider,
Revue de l'ouvrage de M. Bretschneider sur les décou-
vertes botaniques faites par les Européens; De Harlez,
le prétendu Nestorianisme de l'inscription de Si-ngan-
fou; W. H. Furness, Life in the Luchu Islands. (ut
supra, p. 332—333). 1899.

228. **Letter to the China Review** in answer to a libel-
lous article of Mr. E. von Zach. (China Review, July—
August, 1899).

229. **Geographical Notes.** XIII. Tan-tan or Dan-Dan
(Dondin?); XIV. Kola or Kola Pusalo (Kora or Kora
bĕsar); XV. Moan-la-ka or Malacca. (T'oung-pao. Vol.
X, pp. 459—478). 1899.

230. **Bulletin Critique.** The political Relations of the
United States with the far East, etc. (T'oung-pao, Vol.
X, p. 491.). 1899.

231. **The secret** of the Chinese Method of transcribing
foreign sounds. (ut supra, S. II, Vol. I, pp. 1—32;
93—124). 1900. *Aussi publié séparément.*

232. **The oblique eyes of the Mongols.** (ut supra, p. 293). 1900.

233. **Dangers** of the Peking pronunciation of the Chinese characters. (ut supra, p. 92). 1900.

234. **On alphabetical spelling** by the ancient Chinese. (ut supra, p. 186). 1900.

235. **On some unidentified** chinese transcriptions of Indian words: Yashṭi and Laṭṭhi; Sadáruṇṇaṁ; Ki-pin; U-kᶜong's Itinerary. (ut supra, p. 327). 1900.

236. **Bulletin Critique.** Grünwedel, Mythologie des Buddhismus; Laufer, Preliminary Notes on explorations among the Amoor-tribes, Petroglyphs on the Amoor; Zamatog, Studien zur Sprachwissenschaft der Tibeter. (ut supra, p. 349). 1900.

237. **Réplique** à la Réponse du P. Hoang à la critique de son Mariage chinois. (ut supra, p. 397). 1900.

238. **First introduction** of Tea into Holland. (ut supra, p. 469). 1900.

239. **Bulletin Critique.** Nachod, ein unentdecktes Goldland. Tjoa Sien-hie, Erfopvolging bij versterf onder de Chineezen. (ut supra, p. 498). 1900.

240. **Nécrologie** de Fr. Max Müller. (ut supra, p. 491). 1900.

241. **Supplices dégoûtants.** (ut supra, p. 515). 1900.

242. **Bulletin Critique.** Frankfurter, Siamese grammar; Kainz, Chin. Grammatik; Laufer, Tibetische Medizin. (ut supra, Série 2, Vol. II, p. 76). 1901.

243. **Bibliographie.** Anthropol. journal "Man", Saṁskara; Morse, Catal. jap. potteries Deshayes, Diverses conférences. (ut supra, p. 163). 1901.

244. **Geographical Notes.** XVI. The old States in the Island of Sumatra. (ut supra, pp. 107—138, 167—182, 329—377). 1901.

245. **Les termes bouddhiques** 盂 蘭 盆 et 烏 藍 婆. (ut supra, p. 146 et 394). 1901.

246. **Bulletin Critique.** Florentz, Japanische Dramen; Grünwedel, Alterthümer aus der Malakand- und Swat-Gegend. (ut supra, p. 154). 1901.

247. **Bulletin Critique.** Jacob, Türkische Volksliteratur; Hartmann, Der Islamische Orient. (ut supra, p. 199). 1901.

248. **Bibliographie.** Bul. Ecole française d'Extrême Orient; Schmidt, Sprachen der Orang Sĕmang; Schmeltz, Rapport; Cordier, Rel. de la Chine, etc.; Man; Deshayes, 饕 餮 thaou tieh. (ut supra, p. 213). 1901.

249. **De oorsprong** van den vreemdenhaat der Chineezen. (Tijdschrift v. h. Kon. Nederl. Aardrijkskundig Genootschap, September 1901). Gelezen te Amsterdam, 13 April 1901.

250. **Nécrologies** de Lindo Serrurier, Dr. Jan Pijnappel, P. Ehmann. (T'oung-pao, S. II, Vol. II, p. 279). 1901.

251. **Bulletin Critique.** J. J. M. de Groot, Heerscht er in China godsdienstvrijheid? Maurice Courant, En Chine, Moeurs et Institutions, Hommes et Faits; Georg Huth, Neun Mahaban-Inschriften; Bulletin de l'École Française d'Extrême Orient, Numero 2. (ut supra, p. 284). 1901.

252. **Mèrjam,** Etymology of the word. (ut supra, p. 325). 1901.

253. **Bulletin Critique.** J. Marquart, Ērānšahr. Bulletin de l'École Française d'Extrême Orient. (ut supra, p. 389). 1901.

254. **Bibliographie.** Baxendale, les îles des Cocos. M. Courant, Catalogue des livres chinois, etc., dans la bibliothèque nationale à Paris. H. Cordier, Relations de la Chine avec les puissances occidentales, tome 2. Giles, Notice sur quatre volumes chinois. Taka Kusu, The Wise man and the Fool. Wells Williams, Chinese Folklore. (ut supra, p. 398). 1901.

255. **Nécrologie** de Albrecht Weber. (ut supra, p. 388). 1901.

256. **Siamese Studies.** Supplement to Series II, Vol. II of the *T'oung-pao*. 1901.

IMPRIMERIE ci-devant E. J. BRILL, LEIDE.